Jésus Christ bénit les enfans sages et S.t Pierre renvoye ceux qui sont indociles.

ABÉCÉDAIRE MORAL,

OU

LEÇONS TIRÉES DE L'ÉCRITURE SAINTE,

PROPRES A FAIRE CONNOÎTRE LES ÉLÉMENTS
DE LA RELIGION CHRÉTIENNE;

Précédé de l'Explication du Jeu de Lettres,
pour apprendre à lire en amusant;

Et ornées de 31 jolies Gravures.

VINGTIÈME ÉDITION.

Laissez ces petits enfants, et ne les empêchez
pas de venir à moi.
  Jésus-Christ, *Evang. S.-Matth.*

A PARIS,

Chez LE PRIEUR, Libraire, rue des Mathurins
Saint-Jacques, hôtel de Cluny.

1827.

DE L'IMPRIMERIE DE A. BELIN,
Rue des Mathurins-Saint-Jacques, hôtel Cluny.

EXPLICATION

D'UN

JEU DE LETTRES ET DE MOTS,

Propre à donner agréablement les premières Notions de la Lecture aux ENFANS.

LE grand art de l'instruction est moins de donner de bonnes leçons, que de les faire aimer. Rien n'est plus dangereux que d'inspirer de l'ennui aux enfants, quand on peut prendre avec eux une autre route. Quand une fois on leur a rendu l'étude odieuse, on ne fait plus que les tourmenter, sans qu'ils en retirent un grand profit. Je n'ignore pas, et l'expérience nous force d'en convenir, qu'il est nombre d'enfants qu'on ne peut instruire que par une contrainte continuelle; mais il n'en faut pas moins alléger la chaîne qui les retient; il faut les encourager, leur rendre justice avec plaisir quand ils le méritent, leur laisser croire qu'ils ont quelquefois assez bien rempli leur devoir, pour ne pas les décourager, et semer quelques fleurs sur un travail dont ils ne connaissent pas encore tout l'avantage. C'est surtout dans les commencements qu'il faut cacher les épines sous les roses ; car c'est presque toujours de nos premières impressions que dépendent nos goûts et nos inclinations pour toute la vie. Faites un jeu de l'étude, et l'enfant vous écoutera sans peine, et s'instruira sans s'en apercevoir.

On a imaginé nombre de jeux pour intéresser les enfants aux premiers élémens de la lecture. Les plus simples sont les meilleurs. Il suffit de quelques cartes sur lesquelles sont d'abord des lettres seules, ensuite des syllables, et enfin des mots. On les remet à l'enfant pour s'en amuser ; on les lui fait jeter sur une table l'une après l'autre, en lui demandant de les nommer. S'il y a plusieurs enfants, on leur donne à chacun un paquet, et ils jouent tour à tour. On marque les fautes, et celui qui en a fait le moins est le vainqueur. On lui donne une petite récompense. Voici un jeu, un amusement qui deviendra tout aussi vif que les autres. On ne s'apercevra jamais que c'est une leçon que vous voulez donner; et cependant on s'instruira, on saura toutes les lettres, épeler et lire les mots. Alors on aura recours au livre qui d'abord aurait rebuté; on montrera des estampes : elles plaisent toujours aux enfants ; ils voudront en avoir l'explication ; on les engagera doucement à la lire; la curiosité les y portera naturellement ; et par ces moyens faciles, qui ne demandent qu'un peu de patience et de douceur, on aura conduit les enfants jusqu'à lire assez couramment ; et ce qui est plus avantageux encore, on leur aura rendu agréable l'entrée du sanctuaire même des sciences ; ce qui ne contribuera pas peu à aplanir les difficultés de la longue route qui reste encore à faire.

a	b
c	d
e	f

g	h
i j	k
l	m

n	o
p	q
r	s

t	u
v	x
y	z

A B C D
E F G H
I J K L
M N O P
Q R S T
U V X Y Z.

(11)

a b c d

e f g h

i j k l

m n o p

q r s t

u v x y z.

LETTRES DE BATARDE.

a	*b*	*c*
∂	*e*	*f*
g	*h*	*i*
j	*k*	*l*
m	*n*	*o*
p	*q*	*r*

s	*t*	*u*
v	*x*	*y*
z	*ct*	*w*
ff	*fi*	*ffi*
fl	*ffl*	*st*
ſs	*ſi*	*ſsi*

ALPHABET QUADRUPLE,

Ou Lettres majuscules et minuscules, courantes, italiques et manuscrites.

A a	B b	C c	D d	E e
A a	*B b*	*C c*	*D d d*	*E e e*
F f	G g	H h	I i	J j
F f f	*G g*	*H h*	*J i*	*J j*
K k	L l	M m	N n	O o
K k	*L l l*	*M m*	*N n*	*O o*
P p	Q q	R r	S s	T t
P p	*Q g*	*R r r*	*S s s*	*T t t*
U u	V v	X x	Y y	Z z
U u	*V v*	*X x*	*Y y*	*Z z*

a e i ou y o u
ba be bi bo bu
ca ce ci co cu
da de di do du
fa fe fi fo fu
ga ge gi go gu
ha he hi ho hu
ja je ji jo ju
ka ke ki ko ku
la le li lo lu

ma me mi mo mu
na ne ni no nu
pa pe pi po pu
qua que qui quo qu
ra re ri ro ru
sa se si so su
ta te ti to tu
va ve vi vo vu
xa xe xi xo xu
za ze zi zo zu.

Mots les plus faciles à épeler.

Sons simples de deux syllabes.

Pa-pa	Papa
Bo-bo	Bobo
Co-co	Coco
Mi-di	Midi
A-mi	Ami
Ce-ci	Ceci
Ce-la	Cela
Ma-ri	Mari
Pa-ris	Paris

A bat tu. Abattu.
Nu mé ro. Numéro.
Zé ro. Zéro.
O pé ra. Opéra.
Pi lo ti. Piloti.

Sons composés.

Mon.
Mou.
Mur.
Car.
Cor.

Nos.
Dos.
Moi.
Toi.
Soi.
Lui.
Jou jou.
Ver.
Au.
Mal.
Tel.

Sons composés.

Lourd.	Peaux.
Lent.	Gain.
Loin.	Frein.
Vert.	Long.
Leur.	Cour.
Corps	Vent.
Vous.	Dans.
Nous.	Doit.
Mien.	Voit.
Tien.	Liard.
Sien.	Puant.
Eau.	Dieu.
Peau.	Fier.
Meaux	Jouer.
Louis.	Pied.

Suer. Suave.
Muet. Froid.
Nuit. Pion.
Juin. Fouet.

Mots plus difficiles à épeler.
EXEMPLES *de l'e muet.*

Mon de.
Pou le.
Ter re.
Fem me.
Fi o le.
Lu ne.
On de.
Vi e.
Jo li e.
En vi e.
Vu e

Lettres accentuées.

Nota. Avant d'aller plus loin, le maître doit expliquer ce que sont les voyelles, ou sons naturels de la voix; ce que sont les consonnes, ou lettres qui n'ont de sons que lorsqu'elles sont jointes aux voyelles; ce que sont les diphthongues, ou plusieurs voyelles réunies et ne formant qu'un son; ce que sont enfin les lettres accentuées, ou dont le son est modifié par un accent qu'on place dessus. Ces accents rendent la voyelle plus ou moins longue.

L'accent aigu se marque ainsi : (´)

EXEMPLES.

É co le.
É cor ce.
Fer me té.
Fi er té.
Cré an ce.
Cré a teur.
Ré gent.
Ré fé ré.

L'accent grave se marque ainsi : (`)

Exemples.

Mè re.
Pè re.
Mi sè re.
Pro grès.
Suc cès.
Flè che.

L'accent circonflexe se marque ainsi : (^)

Exemples.

Pâ te.
Tê te.
Gî te.
Mê me.
Cô te.
Dô me.
Bû che.

Le tréma se marque ainsi : (¨)

Exemples.

Ha ïr.
A ï eul.
E sa ü.
Po ë me.
Sa ül.
Mo ï se.
Na ïf.
Si na ï.

Mots à épeler.

A ve nir.
Blâ mer.
Bru nir.
Sem bla ble.
Croi ré.
Clai ron.
Chat.

(25)

Chi en.
Droi tu re.
Crain dre.
Fla-gel la ti on.
Fran ce.
Gram mai re.
Glan de.
Hom me.
Hym ne.
Il lu si on.
Il lus tre.
Jar din.
Jour dain.
Ka rat.
Pris.
Pli.
Plon ger.

Ca dran. Pé ti ti on.
Qua dru pè de. Ra ti on.
Quai. Thomas.
Qua li té. Tout.
Que. Pe tit.
Qui. Vi o len ce.
Quel con que. Vir gi ni té.
Ques ti on. Va ri a ti on.
Quoi. Wal bourg.
Rhô ne. Wal lons.
Saint. War wick.
Rai son. Xa vi er.
Pe ser. E xer ci ce.
Plu sieurs. Lu xe.
Ruis seau. A xe.
Mes se. Zo di a que.
Pes te. Zin zo lin.

Zig zag.   Mo yen.

Yeux.   Syl la.

Yeu se.   Py tho nis se.

Y pé ca cu a nha.

Cas où l'on prononce ch *comme si c'étoit un* k.

Or ches tre.

Chré ti en.

Chro ni que.

Chi ro man cie.

Le ç *prononcé comme deux s.*

Re çu.

Su ço ter.

Gar çon.

Fa ça de.

For çat.

Fran çois.

G *mouillé*.

Rè gne.

Pei gne.

Ro gnon.

Oi gnon.

Com pa gnie.

Cam pa gne.

L *mouillée*.

Fil le.

Mouil ler.

Cueil lir.

Re cueil.

Feuil le.

Fail lir.

Ail.

O seil le.

Prononciation de ph.

Phi lo so phe.
Phy si que.
Phra se.

H *aspirée.*

Hé ros.
Hé raut.
Har di.

Lettres doubles.

Mu sæ.
Œil.
Œil let.
Œuf.
Vœu.
Nœud.
Cœur.
Œ cu mé ni que.

X *prononcé comme* s.

Au xer re.
Six.
Dix.

OI *prononcé comme* ai.

J'a vois.
Il fai soit.
Fran çois.

Phrases à épeler.

Il faut ai mer son pro chain com me soi-mê me.

Je pri e Dieu pour mon pa pa et ma man.

Fai sons le bien pour le mal.

Dieu n'ai me pas les mé chants en fants.

L'oi si ve té a mè ne tous les vi ces.

C'est Dieu qui a cré é le ciel, la ter re, les eaux, les plan tes, les a ni maux et l'hom me lui-mê me. C'est Dieu qui est le maî tre de tout, et c'est lui seul qu'il faut a do rer.

Ne man gez et ne bu vez ja mais sans pen- ser que c'est de Dieu que vous te nez tous les bien faits.

Bé nis sez ceux qui vous per sé cu tent, a dit Jé sus - Christ.

Phrases à lire.

Bienheureux sont les pauvres d'esprit, parce que le royaume des cieux est à eux.

Bienheureux ceux qui sont doux, parce qu'ils posséderont la terre.

Bienheureux ceux qui ont faim et soif de la justice, parce qu'ils seront rassasiés.

Bienheureux ceux qui sont miséricordieux, parce qu'ils obtiendront miséricorde.

B *

Bienheureux ceux qui ont le cœur pur, parce qu'ils verront Dieu.

Bienheureux les pacifiques, parce qu'ils seront appelés enfants de Dieu.

Bienheureux ceux qui souffrent persécution pour la justice, parce que le royaume des cieux est à eux.

L'ENFANT PRODIGUE,

PARABOLE.

Un homme ayant deux fils, le plus jeune des deux pria son père de lui donner la part qu'il pouvoit prétèndre à son héritage; et s'étant retiré d'auprès de lui, il alla dans un pays où il dépensa tout son argent en vivant dans la débauche.

Une grande famine étant ensuite survenue, il en fut si pressé, que, ne sachant plus comment vivre, il se mit au service d'un des habitants, qui l'envoya à sa maison de campagne, pour y garder les cochons.

Ce fut dans cette occupation si basse, qu'il sentit quelle étoit sa misère ; car il désiroit même de se rassasier de ce qu'on donnoit aux cochons, et personne ne lui en offroit.

Alors il rentra en lui-même, et se dit avec douleur : Hélas ! combien de mercenaires ont maintenant du pain en abondance dans la maison de mon père, et moi je meurs de faim ici ! Il faut que j'aille retrouver mon père ; je me jeterai à ses pieds, et je lui dirai : Je vous ai offensé, mon père, ainsi que le Ciel ; je ne mérite plus d'être regardé comme votre fils ; recevez-moi seulement dans votre maison, et mettez-moi au rang de vos serviteurs.

Avec cette bonne résolution, il retourna dans son pays. Il étoit encore loin lorsque son père l'aperçut : un père ne peut jamais haïr son fils : celui-ci n'eut pas plus tôt vu l'enfant prodigue, qu'il oublia toutes ses fautes, et s'empressa de le serrer dans ses bras, et de lui pardonner. Il s'écria à ses serviteurs : Apportez promptement le plus beau vêtement de mon fils ; qu'on lui donne une chaussure, et qu'on lui mette un anneau au doigt. Amenez le veau gras ici ; tuez-le ; faisons bonne chère, et réjouissons-nous.

Le fils aîné, qui avoit toujours vécu en bon fils, eut un peu de jalousie, lorsqu'en revenant des champs, il entendit le son des instruments, et vit toute la joie du festin. Il ne pouvoit concevoir qu'on fît tant de réjouissances pour un jeune homme qui avoit abandonné son père, mangé tout son héritage, et qui ne revenoit à la maison paternelle que parce qu'il ne pouvoit plus vivre ailleurs.

Mais le père n'eut pas plus tôt su ce qui se passoit dans son cœur, qu'il lui fit entendre que tous les enfants étoient également chers à un bon père. Il lui dit : Mon fils, votre frère était mort, et il est ressuscité; il étoit perdu, et il est retrouvé; voilà pourquoi nous nous réjouissons.

C'est par cette parabole que Jésus-Christ fait entendre aux hommes que le repentir nous fait rentrer en grâce devant Dieu, et que le bonheur céleste appartient autant à ceux qui font pénitence, qu'à ceux qui n'ont point péché.

———

LEÇONS DE LECTURE,

TIRÉES DE L'ANCIEN ET DU NOUVEAU TESTAMENT.

PREMIÈRE LEÇON.

La Création du Monde.

Dieu tira le monde du néant, c'est-à-dire que, par sa puissance suprême, il forma de rien tout ce que nous voyons, et ce qu'il nous est impossible de voir. Ce fut en six jours qu'il composa ce grand ouvrage. Au premier jour, après la création du ciel et de la terre, il voulut que la lumière fût faite, et la lumière exista; au second jour, il fit le firmament, qu'il appela le ciel; au troisième jour, il sépara la terre d'avec les eaux; au quatrième, il fit le soleil, la lune et les étoiles; au cinquième, il fit les poissons dans les eaux, et les oiseaux qui volent dans les airs; au sixième jour, Dieu ordonna à la terre de produire les animaux qui devoient l'habiter, et voulut couronner son travail par la création de l'homme, son chef-d'œuvre et la plus parfaite des créatures, parce qu'elle seule est capable de connoître et d'aimer son Créateur; enfin le septième jour, Dieu se reposa; et c'est pour cette raison que ce jour fut consacré au repos et aux louanges de la Divinité.

1.ᵉʳᵉ Leçon. La création du monde.

2.ᵉ Lⁿ. Formation de la femme.

DEUXIÈME LEÇON.

Formation de la Femme.

Quand Dieu eut fait l'homme à son image et à sa ressemblance, et qu'il eut répandu en lui un souffle de vie, il le mit dans le Paradis terrestre, lieu de délices qu'il avoit lui-même planté, et où l'on trouvoit les arbres et les fruits les plus beaux. Il donna à *Adam* (c'est le nom que Dieu imposa au premier homme) l'empire sur tous les animaux. Il lui permit de disposer de tous les fruits de la terre à sa volonté, en exceptant ceux d'un seul arbre, c'étoit l'arbre de la science du bien et du mal : Dieu vouloit par là, dit l'Ecriture, éprouver la fidélité du premier homme. Après cela, le créateur ne trouvant pas bon que l'homme fût seul, il envoya un sommeil divin à Adam, et il forma avec une de ses côtes une femme qu'il nomma *Eve*, et qu'il amena ensuite devant Adam, pour qu'il en fît sa compagne.

TROISIÈME LEÇON.

Chute d'Adam.

C'étoit du limon de la terre que Dieu avoit créé le premier homme. Il fut d'abord fidèle, ainsi que sa compagne, au commandement de Dieu; mais le démon ne pouvant voir deux créatures innocentes et soumises, prit la figure du serpent, s'adressa à la femme, et lui fit entendre que Dieu ne leur avoit défendu de manger du fruit de l'arbre de la science du bien et du mal, que par jalousie; et parce qu'il n'ignoroit pas que, dès qu'ils en auroient goûté, ils deviendroient eux-mêmes des dieux. Eve se laissa séduire : elle regarda les fruits, et les trouva si beaux, qu'elle en mangea. Elle en fit ensuite manger à Adam, qui n'eut pas la force de résister. C'est par cette désobéissance de nos premiers parents que nous sommes tous dévoués à la mort; et c'est de là qu'est venu dans le monde *le péché originel*, par lequel l'homme est coupable, même avant que de naître. La faute d'Adam a rejailli sur toute sa postérité.

3.ᵉ Lⁿ. Chûte d'Adam.

4.ᵉ Lⁿ. Punition d'Adam.

QUATRIÈME LEÇON.

Punition d'Adam.

Ce fut en s'apercevant qu'ils étoient nus, qu'Adam et Eve eurent le premier sentiment de leur faute. Ils se couvrirent de feuilles de figuier. Bientôt Dieu les appela; mais loin de s'en réjouir, suivant leur coutume, ils coururent se cacher. Adam, où es-tu? cria de nouveau la voix de Dieu. Adam lui répondit qu'il n'osoit paroître à cause de sa nudité. Alors Dieu lui reprocha sa désobéissance : l'homme s'excusa sur la femme ; et celle-ci sur le serpent, que Dieu maudit et condamna à ramper et à manger de la terre. Il dit à la femme que ses peines seroient multipliées, et qu'elle n'enfanteroit qu'avec douleur; et à l'homme, que la terre, maudite dès lors, n'accorderoit ses fruits qu'à de pénibles travaux. Il le chassa ensuite du Paradis terrestre, et mit à la porte un Chérubin, avec une épée flamboyante, pour garder l'arbre de vie.

CINQUIÈME LEÇON.

Meurtre d'Abel.

Adam et Eve eurent des enfants, mais ils naquirent dans le péché et furent méchans. Caïn, le premier né, éprouva pour Abel, son frère, un sentiment profond de haine, parce qu'Abel étoit plus juste que lui, et par conséquent plus agréable à Dieu. Abel étoit berger, et offrait ses plus beaux moutons en sacrifice au Seigneur. Caïn cultivoit la terre et offroit aussi des fruits : mais Dieu, qui connoissoit le cœur des deux frères, ne voyoit avec plaisir que les offrandes d'Abel. Caïn, que la jalousie rendoit plus injuste encore, dit un jour à son frère : Allons dans les champs ; et là il lui chercha querelle, se jeta sur lui, et le tua. Au retour de Caïn, Dieu lui demanda ce qu'il avoit fait de son frère; mais le méchant, trop endurci pour se repentir, répondit qu'il n'en étoit pas le gardien. Alors Dieu lui déclara qu'il seroit maudit et fugitif par toute la terre, et que partout aussi le sang de son frère innocent s'éleveroit contre lui.

5.e L.n. La mort d'Abel.

6.e L.n. Le Déluge et l'Arche de Noé.

SIXIÈME LEÇON.

Le Déluge et l'Arche de Noé.

Les hommes, en se multipliant, multiplièrent aussi les crimes sur la terre. Dieu, toujours bon, vit ces désordres avec une douleur profonde, et se repentit d'avoir fait l'homme. Alors il résolut d'anéantir tous les habitans de la terre. Un seul juste, Noé, trouva grâce devant lui. Il lui dit de bâtir une arche (*ou grande maison de bois*) qui pût flotter sur les eaux qui alloient inonder la terre entière. Cette arche exigea cent ans de travail. Quand elle fut achevée, Noé y mit sept paires d'animaux purs, deux des impurs, et y entra avec sa femme, ses trois fils Sem, Cham et Japhet, et leurs trois femmes. Alors Dieu, en ayant fermé la porte, la pluie tomba avec une telle abondance, pendant quarante jours, que l'eau surpassa de quinze coudées les plus hautes montagnes. Tout ce qui avoit vie périt, à l'exception de Noé, de ses enfants et des animaux qu'ils avoient conservés, et qui repeuplèrent la terre.

SEPTIÈME LEÇON.

La tour de Babel.

Les enfants de Noé multiplièrent bientôt au point de ne pouvoir plus vivre tous dans le même lieu. Ils s'avisèrent alors d'un projet qui marque en même temps leur folie et leur vanité. Ils voulurent bâtir une ville pour éterniser leur nom, et une tour si haute, qu'ils pussent se défendre contre Dieu même, en cas d'un nouveau déluge. Mais Dieu qui se rit des desseins des hommes, confondit leur langage à un tel point, qu'ils ne pouvoient plus s'entendre entre eux, et furent obligés de se séparer pour se disperser sur la terre. L'ouvrage de leur vanité resta imparfait, et on donna à la tour le nom de *Babel*, c'est-à-dire de *confusion*, pour rappeler la confusion des langues que Dieu opéra.

7.e L.n La Tour de Babel.

8.e L.n Sacrifice d'Abraham.

HUITIÈME LEÇON.

Sacrifice d'Abraham.

Dieu voulant qu'il y eût une race choisie et fidèle, qui ne finiroit jamais, prit Abraham pour en être le chef et l'avertit que de lui naîtroit une postérité nombreuse, et que son épouse Sara, qui avait alors quatre-vingt-dix ans, auroit un fils. Abraham se confia en la promesse de Dieu, et eut Isaac. Trente-sept ans après le Seigneur voulant éprouver la fidélité de son serviteur, lui ordonna de sacrifier sur une montagne ce fils unique. Quoiqu'en se rappelant la promesse de Dieu, de le rendre père d'un peuple nombreux, Abraham ne balança pas à obéir. Dieu, touché de sa fidélité, envoya un ange qui retint son bras prêt à frapper la victime et lui ordonna de sacrifier en place d'Isaac un bélier qui étoit dans un buisson voisin,

NEUVIÈME LEÇON.

Joseph vendu par ses frères.

Joseph, l'un des plus jeunes enfants de Jacob, fils d'Isaac, s'attira l'inimitié de ses frères, parce que, dans deux songes qu'il eut, et qu'il leur raconta, il leur fit pressentir sa grandeur future. Ils résolurent aussitôt de le perdre ; et un jour que Jacob l'envoyoit vers eux en Sichem, où ils gardoient leurs troupeaux, ils se dirent : Tuons-le. Ruben, l'aîné, s'opposa à ce dessein criminel ; et, dans l'intention de le rendre à son père, il dit qu'il falloit le jeter dans une vieille citerne où il n'y avait pas d'eau ; ce qu'ils firent : mais ils l'en retirèrent presque aussitôt, pour le vendre à des marchands ismaélites qui passoient. Ils envoyèrent ensuite sa robe, teinte du sang d'un chevreau, à leur père Jacob, pour lui faire croire que les bêtes féroces avoient dévoré leur frère. Le jeune Joseph fut donc réduit en esclavage. La femme de Putiphar, son maître, conçut pour lui une passion criminelle ; mais ayant été trompée dans son attente, elle accusa devant Putiphar le vertueux Joseph, qui fut mis en prison.

9.e E. Joseph vendu par ses frères.

10.e L.ⁿ Joseph élevé en gloire.

DIXIÈME LEÇON.

Joseph élevé en gloire.

C'est du sein même du malheur et de l'humiliation que Dieu tire ses serviteurs fidèles pour les élever. Joseph ayant expliqué les songes des deux officiers de Pharaon, roi d'Egypte, qui étoient en prison avec lui, l'un d'eux, étant rentré en grâce, parla de Joseph au roi, qui avoit eu deux songes qui l'inquiétoient beaucoup. Pharaon fit venir l'esclave, et lui raconta ses deux songes. Joseph lui dit qu'ils annonçoient sept années d'abondance et sept années de stérilité; et il lui conseilla d'amasser autant de blé qu'il pourroit pendant le temps heureux, pour prévenir la famine épouvantable qui le menaçoit. Etonné de sa sagesse, et plein de reconnoissance pour le conseil si utile qu'il lui donnoit, Pharaon crut que personne ne pouvoit mieux exécuter que lui ce qui étoit nécessaire, et lui donna une pleine autorité sur l'Egypte.

C

ONZIÈME LEÇON.

Joseph reconnu par ses frères.

Après les sept années d'abondance, la famine fut si grande, qu'elle se fit sentir en Canaan. Jacob envoya ses enfants en Egypte pour acheter du blé. Joseph, craignant qu'ils n'eussent traité comme lui le petit Benjamin, qui étoit resté auprès de Jacob, feignit de prendre ses frères pour des espions, et retint Siméon pour prisonnier, jusqu'à ce qu'ils lui eussent amené Benjamin. Quand il l'eut vu au second voyage, il en pleura de joie, et invita ses frères à un grand festin. Il les renvoya ensuite, en faisant remettre leur argent dans leurs sacs, et en faisant glisser furtivement une coupe d'argent dans le sac de Benjamin. Il fit ensuite courir après eux, comme s'ils l'eussent volé; et voyant leur embarras, et surtout leur douleur lorsqu'il parla de retenir Benjamin, il se fit reconnoître, les combla de présents, et exigea qu'ils revinssent près de lui avec leur vieux père. Pharon leur envoya ses chariots, et leur fit une réception magnifique.

11.º Joseph reconnu par ses frères.

12.º L.ᵈ. Moïse preservé des eaux.

DOUZIÈME LEÇON.

Moïse préservé des eaux.

Joseph commanda quatre-vingts ans. Après sa mort, un autre roi, nommé aussi Pharaon, prit en aversion le peuple de Dieu, à cause de sa grande multiplication. Il le réduisit en esclavage; et, pour l'anéantir, il ordonna même qu'on jetât tous les enfants mâles dans les eaux du Nil. Jocabel, femme d'Amram, eut un enfant si beau, qu'elle mit tout en œuvre pour le sauver. Après l'avoir gardé trois mois, elle fit un petit berceau de jonc, plaça l'enfant dedans, et fut l'exposer sur le bord du Nil, en priant sa sœur de se tenir sur les roseaux, pour savoir ce qui lui arriveroit. Ce fut la fille même du roi, qui venoit avec ses femmes pour se baigner, qui trouva l'enfant. Elle fut si charmée de sa beauté, qu'elle voulut le faire élever comme son fils, et le nomma *Moïse*, mot qui veut dire *préservé des eaux*. Jocabel même, sur l'avis de sa sœur, se présenta comme nourrice. L'enfant fut ensuite élevé dans le palais même de Pharaon.

TREIZIÈME LEÇON.

Délivrance des Hébreux.

Ce fut ce même enfant préservé par miracle, qui, dans la suite, par l'ordre de Dieu, tira le peuple hébreu de l'esclavage. Il vint trouver Pharaon pour lui en faire la proposition de la part de Dieu même; mais ce roi répondit qu'il ne le connoissoit point; et, pour l'y contraindre, Moïse affligea l'Egypte de plusieurs malheurs, qu'on nomme *les dix plaies d'Egypte*. Pharaon enfin connut la puissance de Dieu, et permit aux Hébreux de se retirer avec tout ce qui leur appartenoit; mais bientôt il s'en repentit, et résolut de les poursuivre. Arrivés dans un désert où ils ne voyoient, d'un côté, que la mer, et de l'autre, que l'armée ennemie, les Hébreux se crurent perdus : mais Moïse étendit sa verge sur les eaux, et elles se séparèrent pour les laisser passer. Les Egyptiens crurent pouvoir suivre la même route : mais les eaux se rapprochant, ils périrent tous dans la mer. Dieu préserva son peuple d'une foule d'autres malheurs.

13ᵉ.Lⁿ. Délivrance des Hébreux.

14ᵉ.Lⁿ. Tables de la Loi.

QUATORZIÈME LEÇON.

Table des Lois.

Les Hébreux furent souvent ingrats; ils osèrent murmurer contre Moïse, et même contre Dieu. Ils portèrent l'impiété jusqu'à renoncer à lui pour adorer des idoles d'or et d'argent. Dieu ne se démentit point dans sa bonté; il leur donna, par le moyen de Moïse, les lois qu'ils devoient suivre; et, pour punition, il se contenta de les retenir dans le désert; et ce ne fut que quarante ans après, et lorsque Moïse étoit mort, qu'ils entrèrent dans la terre promise, sous la conduite de Josué. Ils eurent plusieurs querelles à soutenir. Ils se conduisirent d'abord par leurs lois; mais ensuite ils demandèrent des rois, et le prophète Samuel sacra Saül, qui eut pour successeur David, simple berger.

QUINZIÈME LEÇON.

Le Roi David.

Saül ayant désobéi à Dieu, perdit sa protection toute-puissante, qui fut transportée à David, le plus jeune fils d'Isaïe, qui faisoit paître ses troupeaux lorsque Samuel, par l'ordre du Seigneur, le demanda pour le sacrer. Du moment que l'esprit du Seigneur se fut retiré de Saül, celui-ci devint sombre, inquiet, et David fut appelé à sa cour pour jouer de la harpe devant lui ; car il étoit fort habile sur cet instrument. Il rendit le repos à Saül, et s'en fit beaucoup aimer. Mais après sa victoire sur le géant Goliath, qu'il tua d'un coup de pierre, Saül lui porta envie, et voulut le faire périr. Il lui refusa même sa fille qu'il avoit promise au vainqueur, et ce ne fut qu'après qu'il eut été tué dans un combat contre les Philistins, que l'on reconnut David pour roi des Juifs.

15ᵉ Lⁿ. Le Roi David.

16ᵉ Lⁿ. Mort d'Absalon.

SEIZIÈME LEÇON.

Mort d'Absalon.

David, loin de se réjouir du malheur de son ennemi, fit couper la tête à celui qui vint se vanter devant lui d'avoir tué Saül. Il régna ensuite avec gloire, jusqu'au moment où il fit de grandes fautes. Dieu alors l'abandonna quelque temps : ses enfants commirent des crimes, et Absalon voulut le détrôner. Il avoit déjà remporté une victoire considérable sur son père; mais il fut défait à son tour; et, en fuyant sur sa mule, ses cheveux s'embarrassèrent dans les branches d'un chêne, il y resta suspendu. Joab le tua d'un coup de lance. David, oubliant l'avantage de la victoire, pleura la mort de son fils. Adonias, l'aîné de ses enfants, voyant sa grande vieillesse, voulut aussi se faire couronner; mais David fit sacrer Salomon, qui régna si glorieusement après lui.

DIX-SEPTIÈME LEÇON.

Annonciation de la Vierge.

Le temps que Dieu avoit marqué pour répandre sa miséricorde sur les hommes étant arrivé, il envoya l'ange Gabriel vers la Sainte Vierge Marie, en Nazareth, où elle faisoit sa demeure ordinaire. Elle étoit alors seule et en prières. L'ange parut devant elle, brillant de la lumière céleste : il la salua en lui disant qu'elle étoit pleine de grâces. Ces louanges la troublèrent ; mais il la rassura, en lui annonçant qu'elle enfanteroit, par l'opération du Saint-Esprit, un fils qu'elle nommeroit Jésus, qui seroit grand, qui régneroit dans la maison de Jacob, qui seroit assis sur le trône de David son père, et dont le royaume n'auroit point de fin. Marie ayant entendu ces paroles, s'humilia et répondit avec une parfaite résignation : *Je suis la servante du Seigneur ; qu'il soit fait selon votre parole.* Comme elle étoit déjà avancée dans sa grossesse, un édit de l'empereur Auguste, qui ordonnoit le dénombrement des familles, la força d'aller avec son époux Joseph à Bethléem, où le Messie devoit naître, suivant les prophètes.

17.e l'Annonciation de la Vierge.

18.e l'. Naissance de Jesus-Christ.

DIX-HUITIÈME LEÇON.

Naissance de Jésus-Christ.

Joseph et Marie étoient pauvres. Quand ils arrivèrent à Bethléem, toutes les auberges étoient pleines; on ne voulut les recevoir nulle part; ils furent obligés de se réfugier dans une étable, où le Messie, pour donner un exemple d'humilité, naquit sur la paille, près d'un âne et d'un bœuf. Dans la nuit même que la Vierge l'enfanta, il y avoit aux environs des bergers qui gardoient leurs troupeaux, et qui, ayant été avertis par un ange, s'empressèrent de venir adorer, dans une étable, le Roi du monde. Mais, comme il ne naissoit pas que pour les Juifs, il se manifesta aussi aux Gentils par une étoile qui leur apparut dans l'Orient; et les Mages, reconnoissant par là que le Messie étoit né, vinrent l'adorer et lui faire leurs offrandes.

C*

DIX-NEUVIÈME LEÇON.

Jésus parmi les Docteurs.

L'enfant Jésus croissoit, dit l'Ecriture, en grâce et en sagesse, et il avoit déjà douze ans quand il alla une fois avec Joseph et Marie à Jérusalem passer l'octave de Pâques, suivant l'ordonnance de la loi. Ses parents partirent sans s'apercevoir qu'il étoit resté à Jérusalem : ce ne fut que le soir qu'ils virent qu'il n'étoit ni parmi leurs parens, ni parmi leurs connoissances. Ils retournèrent sur leurs pas le lendemain et le trouvèrent, le troisième jour, dans le temple, au milieu des docteurs de la loi, leur faisant des questions avec une si grande modestie, et répondant aux leurs avec tant de justesse, qu'ils en étoient remplis d'admiration. Marie, qui avoit éprouvé la plus vive douleur, lui fit de tendres reproches, auxquels il répondit qu'il se dévouoit au service et aux intérêts de son père ; ensuite il la suivit avec obéissance à Nazareth.

19.ᵉ Lⁿ. Jésus parmi les Docteurs.

20.ᵉ Lⁿ. Baptême de Jésus-Christ.

VINGTIÈME LEÇON.
Baptême de Jésus-Christ.

Jésus mena une vie obscure avec Joseph et Marie, jusqu'à l'âge de trente-deux ans. Ce fut alors qu'il se manifesta au monde. Jean-Baptiste, sortant du désert, où il avoit vécu jusqu'à ce jour, parut sur le bord du Jourdain, prêcha la pénitence, baptisa tous ceux qui vinrent à lui; Jésus, toujours humble, vint avec la foule; mais saint Jean ne l'eut pas plus tôt remarqué, qu'il se déclara indigne de le baptiser. Jésus lui dit que cette humiliation de sa part étoit nécessaire, et Jean le baptisa. Alors le ciel s'ouvrit; et Dieu fit descendre le Saint-Esprit sur Jésus-Christ, d'une manière visible et en forme de colombe. En même temps on entendit une voix du ciel qui rendit ce témoignage: *C'est là mon fils bien aimé, en qui je trouve toutes mes délices.* Jésus-Christ se retira aussitôt pour se cacher; mais saint Jean continua de parler de lui à tout le monde, et de l'annoncer comme le Messie tant désiré.

VINGT-UNIÈME LEÇON.

Transfiguration de Jésus-Christ.

Jésus, déjà connu par les prodiges les plus étonnants, voulut fortifier la foi de ses disciples, en leur donnant une idée de sa gloire dans le ciel. Un jour il prit avec lui saint Pierre, saint Jean et saint Jacques, qu'il affectionnoit le plus, et il les mena sur une haute montagne. Tandis qu'il prioit, son visage devint éclatant comme le soleil, et ses vêtements plus blancs que la neige. Moïse et Élie parurent en même temps et s'entretinrent avec lui. Saint-Pierre, transporté de joie, dit : Seigneur, il fait bon ici ; dressons-y trois tentes, une pour vous, une pour Moïse et une autre pour Élie. Mais lorsqu'il parloit encore, une nuée éclatante les environna, et il en sortit une voix qui dit : *C'est là mon fils bien aimé, écoutez-le.* Saisis de frayeur, les disciples tombèrent le visage contre terre ; mais Jésus leur ayant dit de se lever, ils ne virent plus que lui seul.

21.e L.ⁿ La Transfiguration de Jésus-Christ.

22.e L.ⁿ La Cène.

VINGT-DEUXIÈME LEÇON.

La Céne.

La vertu est si cruellement persécutée par les méchants sur la terre, que Dieu lui-même rencontra des ennemis. Les principaux des Juifs et les prêtres de la loi résolurent de perdre Jésus. Comme il ne l'ignoroit point, il voulut faire auparavant la cêne avec ses disciples, c'est-à-dire manger l'agneau à la fête de Pâques, suivant l'ordonnance de la loi. Avant que de se mettre à table, il s'abaissa jusqu'à laver lui-même les pieds de ses disciples, en leur disant : *Je vous ai donné l'exemple, afin que vous fassiez tous les uns aux autres ce que je vous ai fait moi-même.* Lorsqu'on eut quitté la table, Judas, l'un de ses disciples, qui le trahissoit pour quelque argent, alla avertir les Juifs qu'ils pouvoient le faire prendre.

VINGT-TROISIÈME LEÇON.
Jésus au jardin des Olives.

En quittant la salle du festin, Jésus-Christ se rendit avec ses disciples sur la montagne des Olives. Il se fit suivre particulièrement de saint Pierre, saint Jacques et saint Jean; et ensuite, s'étant éloigné d'eux d'un jet de pierre, après leur avoir ordonné de veiller, il se mit en prières. Il supplia son père de ne lui point faire boire ce calice, et ajouta que sa volonté fût cependant faite, et non la sienne. Un ange vint le fortifier; il tomba alors le visage par terre, et il sortit de son corps une sueur de sang. Lorsqu'il revint à ses disciples, il les trouva endormis; il revint par trois fois les éveiller; mais à la troisième, Judas parut avec une grande troupe de gens armés, et il donna un baiser à Jésus, suivant le signal convenu que celui qu'il baiseroit seroit celui même qu'il falloit prendre. On se saisit de lui aussitôt; et Jésus, qui étoit la douceur même, ordonna à saint Pierre, qui vouloit se défendre, de remettre son épée dans le fourreau.

23.ᵉ Lⁿ. Jesus au Jardin des Olives.

24.ᵉ Lⁿ. Jesus devant Anne et Caïphe.

VINGT-QUATRIÈME LEÇON.

Jésus-Christ devant Anne et Caïphe.

Les Juifs menèrent d'abord Jésus-Christ chez Anne, beau-père de Caïphe, qui, cette année-là, étoit grand-prêtre. C'est là qu'il reçut un soufflet d'un officier qui trouvoit mauvais qu'il répondît avec liberté. On le conduisit ensuite chez le grand-prêtre Caïphe, qui, lui ayant entendu confirmer ce qu'il avoit déjà dit, qu'il pouvoit détruire et rebâtir le temple en trois jours, déchira ses vêtemens, en criant qu'il avoit blasphémé, et tout le monde répondit qu'il avoit mérité la mort. Aussitôt chacun s'empressa de l'outrager ; les soldats lui crachèrent au visage, et, lui couvrant les yeux, ils lui disoient de prophétiser qui l'avoit frappé. La nuit s'étant écoulée avec ces cruelles humiliations, on le conduisit au jour chez Pilate pour qu'il le condamnât à la mort.

VINGT-CINQUIÈME LEÇON.

Flagellation.

Pilate, qui gouvernoit pour les Romains, ne trouvant pas Jésus coupable, voulut le remettre aux Juifs, pour qu'ils le condamnassent suivant leur loi : mais, dans leur acharnement criminel, ils produisirent de faux témoins, qui dirent que c'étoit un séditieux qui soulevoit le peuple. Pilate l'ayant encore interrogé, répéta qu'il ne le trouvoit pas coupable ; alors ils crièrent de tous côtés : *Crucifiez-le ! crucifiez-le !* Dans cet embarras, Pilate envoya Jésus à Hérode, roi du pays, qui, s'étant attendu qu'il feroit devant lui quelque miracle, et se voyant trompé dans son attente, le méprisa et le regarda comme un insensé qu'il renvoya à Pilate, qui rendit encore une fois témoignage de son innocence aux Juifs furieux. Ce témoignage ne fut pas mieux reçu que les précédents. Alors Pilate, pour les contenter, ordonna qu'il fût fouetté, afin qu'ils le laissassent vivre ensuite.

25ᵉ Lⁿ. La Flagellation.

26ᵉ Lⁿ. Voilà l'homme.

VINGT-SIXIÈME LEÇON.

Voilà l'Homme.

Les soldats ajoutèrent l'insulte aux tourments de la flagellation : ils revêtirent Jésus d'une robe de pourpre, lui donnèrent un roseau pour sceptre; et lui ayant mis une couronne d'épine sur la tête, ils le saluèrent du titre de roi des Juifs; enfin ils le réduisirent en un tel état, que Pilate crut que sa présence seule adouciroit les Juifs. Il le leur amena en disant : *Voilà l'homme.* Alors ils crièrent plus que jamais. Il leur proposa de le délivrer à cause de la fête de Pâques; ils ne voulurent point l'écouter, et furent même jusqu'à accuser ce gouverneur d'être peu partisan des intérêts de l'empereur. Trop foible pour être juste, il se fit apporter de l'eau, lava ses mains pour dire qu'il étoit innocent de la mort de Jésus, et il le condamna à être crucifié.

VINGT-SEPTIÈME LEÇON.

Portement de la Croix.

Enfin les Juifs étoient maîtres de la personne de Jésus-Christ, et ils n'eurent plus d'autre désir que d'exécuter l'arrêt de mort qu'ils avoient eu tant de peine à obtenir. Leur fureur ne pouvant souffrir de retard, ils le chargèrent aussitôt de sa croix, et le firent sortir en cet état de Jérusalem, pour aller au mont Calvaire, qui étoit le lieu destiné aux supplices des scélérats. Mais voyant que Jésus-Christ, dont le corps étoit abattu par tant de travaux, succomboit sous un aussi grand fardeau qu'étoit la croix qu'ils lui avoient imposée, ils engagèrent un homme nommé Simon à la porter derrière lui. Ce fut ainsi qu'il arriva au Calvaire parmi les insultes de tout un peuple qui le suivoit.

27.e L.n. Le Portement de la Croix.

28.e L.n. Le Crucifiement.

VINGT-HUITÈME LEÇON.

Crucifiement.

Arrivés sur le Calvaire, on dépouilla Jésus, et on l'attacha sur la croix entre deux voleurs. Ses persécuteurs prirent alors plaisir à l'insulter. Toi, disoient-ils, qui détruis et rebâtis le temple en trois jours, que ne te sauves-tu donc ? Les soldats lui présentoient du vinaigre à boire. Il n'y eut pas même jusqu'aux larrons qui étoient crucifiés avec lui qui ne l'outrageassent ; un des deux cependant ouvrit les yeux et pria Jésus de se souvenir de lui quand il seroit dans le royaume du ciel. Tandis qu'on l'accabloit ainsi d'injures, Jésus-Christ ayant vu la Sainte-Vierge au pied de sa croix avec saint Jean, il lui dit : *Femme, voilà votre fils ;* et à saint Jean : *Voilà votre mère.* Il jeta ensuite un grand cri, et dit : *Mon père, pourquoi m'avez-vous abandonné ?* Il se plaignit bientôt qu'il avoit soif ; et, après avoir pris un peu de vinaigre, il recommanda son âme à son père, baissa la tête, et expira.

VINGT-NEUVIÈME LEÇON.

Résurrection.

Plusieurs miracles manifestèrent, à la mort de Jésus-Christ, sa divinité; Joseph d'Arimathie et Nicomède demandèrent à Pilate son corps, et lui donnèrent la sépulture. Mais les Juifs demandèrent en même temps qu'on mît des gardes à son tombeau, dans la crainte qu'on ne l'enlevât, et qu'on ne dît ensuite qu'il étoit ressuscité. Le sépulcre fut donc gardé, et même on scella la pierre qui le couvroit. Mais à la vue d'un ange plus brillant que le soleil, les gardes s'enfuirent, et Marie-Madeleine vit bientôt Jésus lui-même sous la figure d'un jardinier, qui lui demanda ce qu'elle avoit à pleurer. S'imaginant qu'on avoit enlevé son divin Maître, elle répondit que si c'étoit lui qui avoit fait cette action, il lui apprît où il étoit caché. *Marie!* dit Jésus. A peine eut-il dit ce mot, qu'elle le reconnut, et fut apprendre à tous les disciples sa résurrection.

29ᵉ.Lⁿ. La Résurrection.

30ᵉ.Lⁿ. L'Ascension.

TRENTIÈME LEÇON.

Ascension au ciel.

Jésus apparut depuis ce jour plusieurs fois à ses disciples qui le prirent d'abord pour un fantôme. Il but et mangea avec eux pour les convaincre entièrement. Enfin le moment de quitter la terre étant arrivé, il vint au milieu d'eux, et leur déclara qu'il avoit reçu de son père la toute-puissance dans le ciel et sur la terre. Il les envoya dans tout le monde prêcher l'Évangile, baptiser toutes les nations, et leur apprendre à garder tout ce qu'il leur avoit dit, leur promettant de demeurer toujours avec eux jusqu'à la fin des siècles. Après leur avoir fait ce commandement, il fut enlevé au ciel à leurs yeux; et, en montant, il étendit ses mains sur ses apôtres, les bénit, et une nuée aussitôt le reçut et le cacha à ses disciples.

OUVRIERS DE LA VIGNE,
PARABOLE.

Le royaume des cieux, dit J. C., est semblable à un père de famille qui sort de grand matin, et qui va louer des gens pour travailler à sa vigne, après avoir fait marché avec eux de ce qu'il leur donneroit pour leur journée.

Vers les neuf heures, le père de famille étant encore sorti, vit d'autres ouvriers dans la place, qui ne faisoient rien; il leur dit: Allez travailler à ma vigne, et je vous donnerai ce qui sera juste.

Il fit encore la même chose sur le midi et sur les trois heures du soir. Mais étant également sorti sur la fin du jour, il vit de nouvelles personnes oisives, qu'il envoya aussi à sa vigne.

Le jour étant fini, le père de famille commanda à celui qui avoit soin de ses affaires, d'appeler les ouvriers pour leur donner à tous une récompense, en commençant néanmoins par les derniers.

Ceux donc qui n'étoient venus que les derniers furent appelés les premiers, et ils reçurent tous le prix dont le père de famille étoit convenu avec les autres.

Ceux qui avoient travaillé depuis la pointe du jour s'attendoient à recevoir davantage; mais on ne leur donna que le prix dont ils étoient convenus.

OUVRIERS DE LA VIGNE,
PARABOLE.

Le royaume des cieux, dit J. C., est semblable à un père de famille qui sort de grand matin, et qui va louer des gens pour travailler à sa vigne, après avoir fait marché avec eux de ce qu'il leur donneroit pour leur journée.

Vers les neuf heures, le père de famille étant encore sorti, vit d'autres ouvriers dans la place, qui ne faisoient rien ; il leur dit : Allez travailler à ma vigne, et je vous donnerai ce qui sera juste.

Il fit encore la même chose sur le midi et sur les trois heures du soir. Mais étant également sorti sur la fin du jour, il vit de nouvelles personnes oisives, qu'il envoya aussi à sa vigne.

Le jour étant fini, le père de famille commanda à celui qui avoit soin de ses affaires, d'appeler les ouvriers pour leur donner à tous une récompense, en commençant néanmoins par les derniers.

Ceux donc qui n'étoient venus que les derniers furent appelés les premiers, et ils reçurent tous le prix dont le père de famille étoit convenu avec les autres.

Ceux qui avoient travaillé depuis la pointe du jour s'attendoient à recevoir davantage; mais on ne leur donna que le prix dont ils étoient convenus.

Ils murmurèrent en se recevant. Ces derniers venus, disoient-ils, n'ont travaillé qu'une seule heure, et cependant vous les égalez à nous, qui avons porté le poids du jour et de la chaleur.

Le père de famille répondant à l'un d'eux, lui dit : Mon ami, je ne vous fais point de tort. N'êtes-vous pas convenu avec moi de votre récompense ? Prenez ce qui vous appartient, et retirez-vous. Ne m'est-il pas permis de faire ce qu'il me plaît ? et êtes-vous méchant parce que je suis bon ?

C'est ainsi, dit J.-C., que les derniers seront les premiers, et que les premiers seront les derniers.

FIN.

www.ingramcontent.com/pod-product-compliance
Lightning Source LLC
Chambersburg PA
CBHW070258100426
42743CB00011B/2257